आईना

हर शहर, हर मंज़र, हर एहसास, और रूह की अपनी दास्तां

Jay Prakash Sahu

BookLeaf Publishing
India | USA | UK

Made with ❤ on the BookLeaf Publishing Platform
www.bookleafpub.in
www.bookleafpub.com

Dedication

परमपिता शिव परमात्मा को समर्पित

Preface

यह किताब
शब्दों से नहीं,
एहसासों से शुरू होती है।

हर शहर ने
मुझे थोड़ा-थोड़ा रचा है–
कहीं भीड़ ने सिखाया चलना,
कहीं ख़ामोशी ने सिखाया ठहरना।

हर मंज़र
सिर्फ़ देखा नहीं गया,
वह भीतर उतरा है–
कभी याद बनकर,
कभी सवाल बनकर।

इन पन्नों में
गाँव की सादगी भी है,
शहरों की बेचैनी भी।
बचपन की बारिश है,
और वक़्त की सख़्त धूप भी।

कुछ रिश्ते
नाम लेकर नहीं आए,
पर हर पंक्ति में
उनकी मौजूदगी है।

यह कविताएँ
लिखी नहीं गईं,
जैसी-जैसी ज़िंदगी मिली,
वैसी-वैसी उतरती चली गईं।

अगर पढ़ते हुए
किसी मोड़ पर
आप रुक जाएँ,
किसी पंक्ति में
अपना अक्स देख लें—
तो समझिए,
यह आईना
आपसे बात कर रहा है।

"आईना: हर सफ़र, हर मंज़र और रूह की दास्तान"
इसलिए—
क्योंकि यह पुस्तक
दिखाने से अधिक
पाठक को स्वयं से मिलाने का प्रयास है।
— जय प्रकाश साहू

Acknowledgements

यह कृति उन सभी लोगों के स्नेह, सहयोग और मार्गदर्शन का परिणाम है,
जिनकी उपस्थिति ने मेरी रचनात्मक यात्रा को अर्थ और दिशा प्रदान की।

मैं अपने माता-पिता **राजेंद्र प्रसाद साहू** एवं **सरस्वती साहू** के प्रति हृदय से कृतज्ञ हूँ,
जिनके संस्कार, त्याग और आशीर्वाद मेरी जीवन-दृष्टि की आधारशिला रहे।
अपने भाई-बहनों **मनोरमा, कमला, सरला, प्रियंका, सत्य प्रकाश एवं राखी** को,
उनके निरंतर समर्थन, विश्वास और स्नेह के लिए मैं विशेष रूप से धन्यवाद **देता हूँ**।

मेरे आदरणीय मार्गदर्शकों **डॉ. तृनंजन बसु** एवं **रेश्मी घोष** का सादर आभार,
जिनके मार्गदर्शन और प्रेरणा ने मेरे विचारों को स्पष्टता एवं गहराई प्रदान की।

अपने सहकर्मियों **डॉ. दुर्वा कुरकुरे, डॉ. ऋद्धिज्योति तालुकदार एवं डॉ. अमृता श्रीवास्तव**
तथा मेरे कनिष्ठ साथियों **शौनक, अजिंक्य, रोहिथ, ग़ज़ाला, कोमल एवं पर्व** का
उनके सहयोग, उत्साह और सकारात्मक ऊर्जा के लिए मैं आभारी हूँ।

अपने मित्र **सुधांशु** का विशेष आभार,जिनकी सार्थक प्रतिक्रियाओं और सूक्ष्म सुझावों ने,
इस कृति को निखारने में महत्त्वपूर्ण भूमिका निभाई।
साथ ही **पायल, विनीत, ज्ञानेंद्र, विकास, रश्मि, नेहा, ईश्वर एवं अक्षय** को,
उनके स्नेह, प्रोत्साहन और साथ के लिए धन्यवाद।

डॉ. उपासना सक्सेना को सादर स्मरण एवं श्रद्धांजलि, जो अब हमारे बीच नहीं हैं,
पर जिनकी स्मृतियाँ, संवेदनशीलता और प्रेरणा सदैव हृदय में जीवित रहेंगी।

अंत में, और अत्यंत महत्वपूर्ण रूप से,**प्रजापिता ब्रह्माकुमारीज़ ईश्वरीय विश्व विद्यालय** के प्रति,
मेरी गहन कृतज्ञता,जिनसे प्राप्त आध्यात्मिक ज्ञान, दृष्टि और आत्मचिंतन इस कृति की आत्मा का आधार हैं।

1. नया सालः एक आईना

आज फिर इक बार, एक और साल बीत गया।
ख़ुद को, आईने में निहारने का संदेश दे गया।।

बदल तो गया है, बहुत कुछ मेरे अंदर।
बढ़ गई है, थोड़ी सी और समझ मेरे अंदर।।

यूँ तो हासिल न हुआ, इस साल कुछ भी नायाब।
पर ज़रूरत से कहीं ज़्यादा, सिखाने में रहा कामयाब।।

कभी कुछ हँसीन यादों के गुलदस्ते सजाने मिले।
तो कभी एक पल भी जैसे सदियों से भारी लगे।।

है हाथ जोड़ के विनती उनसे, जिनका भी मन चोटिल हुआ।
जिसने थामा हाथ जब क़दम डगमगाए, उन्हें है तहे दिल से दुआ।।

जो आया है इक साल, फिर नए सपने और उम्मीद लिए।
ख़ूब ज़ोर से जीना है इसे, बिना अतीत का बोझ लिए।।

2. गाँव का पुराना घर

एक अरसे बाद गया था अपने पुराने घर।
हल्की सी थी ठंड और था त्योहार का अवसर।।

मकान वही है पर, थोड़ा रंग बदल गया है।
आंगन वही है पर, अब छत से ढंक गया है।
सड़कें वही हैं पर, वाहनों का शोर बढ़ गया है।
नदी वही है पर, अब घाट गुम-सा गया है।।

जम गई है बचपन की किताबों में, एक परत और धूल।
साँसें थामे, किसी कोने में छिपने का खेल, गए सब भूल
घर के पीछे ना बाग है ना ही खिलता है, गुड़हल का फूल।
बदल दिया वक़्त ने यहाँ भी, खुशनुमा ज़िंदगी का मंत्रमूल।।

अब घर के चौखट में कोई चौपाल भी नहीं बैठती।
ना गुल होती है बिजली, और ना अलाव ही जलती।
बंद हो जाते हैं सभी कमरों में, शाम ज्यों ही ढलती।
ना साफ आसमान दिखता, ना चलती हुई तरई दिखती।।

सुबह हुई और आहट सी हुई घर के बाहर।
माँ ने कहा बेटा! कौन आया है देख जाकर।
चार मासूम खड़े थे, हाथ में पुराने थैले लेकर।
साथ आँखों में उम्मीद और होठों में मुस्कान लेकर।।

उनकी आँखों की चमक में जैसे, एक आईना दिख गया।
गहरी सोच में डूब गया, और इक पल के लिए सहम गया।
मैं कहाँ, बड़े शहर की अंधी दौड़ में निकल गया।
समाज का एक तबका तो, जहाँ था वहाँ ही रह गया।।

एक अरसे बाद गया था अपने पुराने घर।
हल्की सी थी ठंड और था त्योहार का अवसर।।

3. मुंबई लोकल: एक भावनात्मक सफ़र

रेलगाड़ी का एक डिब्बा, लिए इंसानों के अनेक चेहरे।
चल रहे सभी मंज़िल की ओर, लिए अनेकों भाव गहरे।।

औरों के लिए ये तो सिर्फ़ लौहपथगामिनी है।
पर यहाँ के लिए ये तो जीवनदायिनी है।
रफ़्तार में ये तो कड़कती हुई दामिनी है।
रोक भी ना पाती जिसे गहरी यामिनी है।।

कोई खड़े चुपचाप किताबों की दुनिया में मगन है।
कोई खिड़की के बाहर निहारता, शहर का धुंधला गगन है।
किसी के चेहरे पर हँसी, किसी के मन के उजड़े चमन हैं।
पर एक बात है समान, सभी को समय पर पहुँचने की लगन है।।

कोई हैरान खड़ा है स्थानकों पर, रेलगाड़ी में चढ़ने के लिए।
कोई बेसबर है दरवाज़े से क़रीब बाहर, समय पर पहुँचने के लिए।
कोई तन्हा है तो कईयों की टोलियाँ बन गई हैं, आने-जाने के लिए।
जब ये सुनो तो चौंकना मत, भाई! इंतज़ार मत कर गाड़ी थम जाने का
उतरने के लिए।।

रेलगाड़ी का एक डिब्बा, लिए इंसानों के अनेक चेहरे।
चल रहे सभी मंज़िल की ओर, लिए अनेकों भाव गहरे।।

4. सुकून का शहरः मुंबई

वैसे तो आया था कुछ सपने सँवारने इस अनजान शहर में।
यहाँ से निकल, फिर जाऊँगा रहने सुकून के शहर में।।

लिए हैं कठोर इम्तिहान इसने भी कुछ कम नहीं।
किए हैं गुमानों को चकनाचूर, इसने भी कुछ कम नहीं।।

समाए हैं इसने अनेक ज़िंदगियों को अपने में।
यहाँ पहुँचना अभी भी है, कईयों के सपने में।।

समंदर की लहरों सा, हर अजनबी को झकझोरता है ये।
जो अडिग रहा, उसे पूरे दिल से गले लगाता है ये।।

उगते सूरज सा उम्मीद तो ढलती शाम सा हक़ीक़त बयान करता है ये शहर।
अनजानो को भी देखकर, अपना सा महसूस करना सिखाता है ये शहर।।

फिर मिल जाते हैं कुछ फ़रिश्ते-से इंसान इस शहर में।
कि दिल कहता है, अब तो सुकून है इसी शहर में।।

5. मुसाफ़िरनामा

चल रहा हूँ, इक हसीन सफ़र में।
लिए कुछ खूबसूरत से ख़्वाब आँखों में।।

रुक जाता हूँ कभी, थक जाता हूँ कभी।
ख़ुद में ही कहीं, खो जाता हूँ कभी।।

कभी आसान तो कभी, मुश्किल सी लगती है ये ज़िंदगी।
कभी ख़ुशनुमा, तो कभी दुखों के पहाड़ सी भरी लगती है ज़िंदगी।।

कुछ पीछे छूट गए हैं, सफ़र-ए-ज़िंदगी में।
तो कुछ ख़ास मिल गए हैं, हसीन सी ज़िंदगी में।।

मुड़ के देखा कि कितना दूर आ गया हूँ, इस सफ़र में।
कुछ ख़्वाब हुए हैं पूरे तो, कुछ दफ़न हैं इस सीने में।।

कोशिश यही है कि, थोड़ा और निखर जाऊँ।
कुछ मिसाल हासिल कर लूँ, इससे पहले कि बिखर जाऊँ।।

मंज़िल तक तो सबको पहुँचना ही है एक दिन।
सफ़र का मज़ा लिए चलते रहना है हर दिन।।

चल रहा हूँ, इक हसीन सफ़र में।
लिए कुछ खूबसूरत से ख़्वाब आँखों में।।

6. मरीन ड्राइव: जहाँ मुंबई ठहरती है

वो जगह जो दिन के हर पहर में, रंग बदलती है।
वो जगह जो साल के हर मौसम में, अलग महकती है॥

जब मन हो उदास, तो इसके किनारे पर आकर बैठना।
तुम्हारे सारे ग़म अपने में समा ना ले तो कहना।
जब मन खुशी में कुलांचे भर रहा हो, तो इसके किनारे पर बैठना।
तुम्हारी खुशी को उछल-उछल कर जगज़ाहिर ना कर दे तो कहना॥

हैं सभी यहाँ मौजूद, नन्हे बच्चे तो बूढ़े-जवान।
शहर के अंदर ही जैसे है एक दूसरा ज़हान।
सड़क की शोरगुल यहाँ हो जाती है बेज़ान।
सदाबहार है ये, चाहे दिवाली हो या रमज़ान॥

ये लहरें जैसे बेताब हैं आकर गले लगाने को।
कह रही हों जैसे, क्या बचा है तेरे पास मुझसे छुपाने को।
मैंने कहा, तू तो विशाल है, कौन गले लगाएगा तुझे, खुद का वजूद मिटाने को।
तो हँस पड़ा और बोला, भूल मत मुझमें ही है बहुतों का वजूद, ज़माने को दिखाने को॥

वो जगह, जो दिन के हर पहर में, रंग बदलती है।
वो जगह, जो साल के हर मौसम में, अलग महकती है॥

7. आबू पर्वतः आध्यात्मिकता और प्राकृतिक सौंदर्य का संगम

यहाँ की ठंडी हवा में है, एक रूहानी नशा।
हर कोई शांत है, लिए एक चेहरा नूरानी सा।।

है उमड़ा हुजूम लोगों का, फिर भी सब व्यवस्थित है।
ये है अनोखी जगह जो आध्यात्मिक ऊर्जा से सुसज्जित है।
इस प्रांगण में होते सबके दुख-दर्द विसर्जित हैं।
ये पावन जगह जैसे मानव कल्याण में समर्पित है।।

जब लगे ज़िंदगी के सफ़र में थकान और उलझन।
आ जाना कुछ पल सुकून के बिताने, पांडव भवन।।
परमात्म प्रेम से महक उठेगा मन मधुबन।
आत्मनिरीक्षण से आ जाएगा जुनून-ए-स्वपरिवर्तन।।

प्रकृति ने भी नवाज़ा है, इस जगह को भरपूर।
आबू पर्वत शिखरों के बीच है, नक्की झील अपूर्व।
पहाड़ी पर बैठ खूबसूरत नज़ारों में, जाता है इंसान डूब।
आध्यात्मिकता और प्रकृति के संगम में, मन उठता है झूम।।

यहाँ की ठंडी हवा में है, एक रूहानी नशा।
हर कोई शांत है, लिए एक चेहरा नूरानी सा।

8. पहाड़: दिखाते ज़िंदगी का खूबसूरत सफ़र

ये ऊँचे-ऊँचे पहाड़ों की दुनिया, लगती कितनी रहस्यमयी है।
है ठहरे एक जगह अडिग, पर हर मौसम में लगती रंगत नई है।।

कुछ शिखरों में तेज़ धूप, तो कुछ में घनी छाँव है।
दिखाता है जैसे इंसान को, सफ़र-ए-ज़िंदगी में कभी धूप तो कभी छाँव है।
कोई छोटे शिखर तो कोई इतने विशाल, जो छूते आसमान हैं।
फिर भी ना किसी को शिकवा है, ना किसी को गुमान है।।

कभी सूखे पौधे तो कभी, हरियाली बेशुमार है।
कभी झरनों की कल-कल तो कभी, बर्फ़बारी की खुमार है।
पर है ये अटल, जिसके बदलते ना कभी रुहाब है।
कभी शिखर पर जाकर तो देखो, इसकी ठंडी हवाओं में स्पर्श क्या लाज़वाब है।।

शीर्ष पर जाना है तो, दुर्गम रास्ते से गुज़रना पड़ता है।
जैसे सफलता की चोटी पर है पहुँचना, तो दिन-रात एक करना होता है।
पहुँचते ही वहाँ से क्या खूबसूरत, नज़ारा दिखता है।
जैसे मेहनत से हासिल सफलता से, चेहरा खिल उठता है।।

ये ऊँचे-ऊँचे पहाड़ों की दुनिया, लगती कितनी रहस्यमयी है।
है ठहरे एक जगह अडिग, पर हर मौसम में लगती रंगत नई है।।

9. कोलकाता: अतीत और भविष्य का संगम

एक शहर, लिए अतीत का धरोहर और, आने वाले कल की तस्वीर।
एक सदी आगे तक दौड़ना तो सदियों पीछे भी चलना, जिसकी है तक़दीर।।

यहाँ की गलियाँ सजी हैं पहने, कला और संगीत का लिबास।
यहाँ की भाषा और संदेश में है, थोड़ी-सी ज़्यादा मिठास।
दो ज़मानों को एक साथ लिए, चलता है ये बिंदास।
ज़रा क़रीब से तो देखो, यही है "खुशियों का शहर" हो जाएगा विश्वास।।

कहीं ट्राम-सा धीमा तो कहीं मेट्रो-सा तेज़।
गंगा के तट पर बैठना, जैसे हो सुकून की सेज।
कॉलेज स्ट्रीट में रखा है, साहित्य को सहेज।
थोड़ा वक़्त तो बिताओ, शहर की दास्तान बयाँ कर देंगे कॉफी हाउस के यही पुराने मेज़।।

प्रिंसेप घाट में नौका-विहार का कुछ अलग है अंदाज़।
विक्टोरिया मेमोरियल से झलकता, एक शाही लिहाज़।
हावड़ा ब्रिज से दिखता सूर्यास्त, जैसे हो रही हो सुहानी शाम का आग़ाज़।
दिल से करो रूहानियत का एहसास दुर्गा पूजा में, खूबसूरती बयान करने, कम पड़ जाएँगे अल्फ़ाज़।।

एक शहर, लिए अतीत का धरोहर और, आने वाले कल की तस्वीर।
एक सदी आगे तक दौड़ना तो सदियों पीछे भी चलना, जिसकी है तक़दीर।।

10. अधूरापन

कुछ कही-अनकही सी हैं बातें।
कुछ अनसुलझी सी हैं कहावतें।
कुछ उनींदी सी हैं रातें।
कुछ अजनबी सी हैं मुलाक़ातें।।

कुछ जाने-अनजाने से हैं रास्ते।
कुछ जाने-पहचाने से हैं रिश्ते।
कुछ अधूरे से ख़्वाब हैं थरथराते।
कुछ अधूरे से नग़मे हैं गुनगुनाते।।

फिर भी तो बढ़ रहे हैं चलते-चलते।
तेज़ ना सही, कम से कम आहिस्ते-आहिस्ते।
यूँ मुश्किलें तो रहेंगी ही आते-जाते।
चलते चलो, कुछ हँसीन लम्हे संजोते-संजोते।।

चलो बनाते हैं इस अधूरेपन को ही खूबसूरत।
बन जाते हैं, बेइंतहां मोहब्बत की एक मूरत।
बढ़ जाते हैं, कर अधूरे ख़्वाब और नग़मों को फ़ुरसत।
जी लेते हैं सुकून से इस ज़िंदगी को, मानकर ख़ुदा की हसरत।।

11. ख़ुदाई इश्क़

तुम हो,
ये एहसास है।

तुम हो,
ये विश्वास है।

जमी थी,
धूल
मेरे आईने में।

साफ़ किया,
साथ
तुम भी नज़र आए।

किया था वायदा,
तुम मिलोगे
कुर्बान जाऊँगा।

अब मिले हो,
तुम्हारे बिना
रह ना पाऊँगा।

बना दिया तुमने,
दूरदर्शी
ख़ुद की तरह।

करना याद तुम्हें,
बन गई
साँस लेने की वजह।

कोई पूछता है,
ज़िंदगी से
मुझे क्या चाहिए?

ख़ुदादोस्त मिल गया,
अब
और क्या चाहिए ??

12. माँ : एक नाम, बेपनाह

कभी खुदा से सामना होगा तो,
एक सवाल पूछूँगा, बिना किसी झिझक के।

किस नायाब तोहफ़े से नवाज़ा है माँ को?
जो सब सह लेती है, बिना किसी सिसक के।

हों क़रीब या कहीं सात समंदर पार,
भाँप लेती है, बिन बताए दिल की कशमकश।

है ये स्नेह की बहती अथाह दरिया,
सूखती न कभी भर लो, चाहे जितने कलश।

एक काँटा भी चुभे सफ़र में,
खुदा से पहले भी, माँ ही याद आती है।

कुछ आस न रखती बदले में,
फिर भी बस, बेपनाह लुटाती जाती है।

उसकी आँखें नम हो जाती,
हर बार होते हुए, घर से रुख़्सत।

वायदा किया है खुद से,
अगली बार आऊँगा, लेकर थोड़ी और फुरसत।

13. आत्मदर्शन

आज एक अरसे के बाद, कुछ लिखने का ख़याल आया।
ख़ुद को ख़ुद के ही आईने में, देखने का ख़याल आया।।

इंसान वही हूँ, या पहले से बदल गया हूँ मैं?
संभल गया हूँ, या पहले से बहक गया हूँ मैं?
वक़्त के साथ औरों से दूर, ख़ुद के क़रीब आ गया हूँ मैं।
दुनिया की रूढ़वादिता से, कहीं दूर निकल गया हूँ मैं।।

मैंने भी देखा था, सबकी तरह इक सपना साधारण सा।
दुनिया के कोलाहल से दूर कहीं होगा, इक आशियाना छोटा सा।
वक़्त के साथ वो सपना होता गया, थोड़ा और धुँधला सा।
ख़ुद के ही अंदर झाँकता गया, थोड़ा और ज़रा सा।।

आज जब आईने के सामने, ख़ुद से नज़र मिलाया।
शुक्र है ईश्वर का कि, ख़ुद को पहचान पाया।
ये सच है कि वक़्त के साथ, मुझमें कुछ बदलाव आया।
नेक दिल और साफ़ नीयत को, आज भी बरक़रार पाया।।

आज एक अरसे के बाद, कुछ लिखने का ख़याल आया।
ख़ुद को ख़ुद के ही आईने में, देखने का ख़याल आया।।

14. वक़्त की फ़ुरसतों का शहरः भोपाल

वक़्त का पहिया भी यहाँ चलता है, थोड़ी फ़ुरसत से।
हरी चादर का तोहफ़ा मिला है जिसे, कुदरत से॥

जहाँ की बयार में भी बहता है, कुछ अलग सा नवाबी अंदाज़।
जहाँ की एक ही गली में, कहीं सुनाई देते मंत्र तो कहीं नमाज़।
ग़ज़लें और कविताएँ करती हैं जहाँ, साथ-साथ रियाज़।
अलग होकर भी जैसे सब एक, इंसानियत है यहाँ की रिवाज़॥

बड़े तालाब के किनारे हर शाम, बेशुमार सपने देखे जाते हैं।
भीमबैठका में पाषाणकालीन सभ्यता और इतिहास, संजोए जाते हैं।
पुराने भोपाल की गलियों में, त्रासदी के क़िस्से आज भी सुनाई देते हैं।
यह सच है कि भोपाल नहीं जाता कभी किसी के दिल से, लोग
भोपाल से चले जाते हैं॥

राजा भोज का राजघराना, तो नवाबों का सल्तनत।
टेकरी में बैठ, ढलती शाम को देखना, जैसे है कोई जन्नत।
जनजातीय संग्रहालय दिखाता, अनोखी कला की नज़ाकत।
यूँ ही नहीं हो जाता है, हर किसी को इससे बेइंतहां मोहब्बत॥

वक़्त का पहिया भी यहाँ चलता है, थोड़ी फ़ुरसत से।
हरी चादर का तोहफ़ा मिला है जिसे, कुदरत से॥

15. बेनाम रिश्ते: जहाँ नाम फ़िज़ूल हो जाते

बेनाम रिश्ते सिर्फ़ मोहब्बत के हों, ये ज़रूरी तो नहीं।
हर रिश्तों को एक नाम दिया ही जाए, ये ज़रूरी तो नहीं।।

कुछ साथ चलते हैं थोड़े पल,
कुछ साथ निभा जाते आजीवन।
कुछ साथ ठहर जाते तन्हाई में,
मिटा जाते अंदर का ख़ालीपन।।

हैं इतने ख़ास और अनोखे ये रिश्ते।
सिर्फ़ एक नाम देना उसे, जैसे है ज़्यादती।
इन रिश्तों की कोई सीमा नहीं होती।
बस दिल और इरादे मिल जाएँ, बन जाते हैं बेशकीमती।।

कभी कोई किसी सफ़र में मिलते तो, मंज़िल तक साथ निभाता।
कभी कोई अनजान शहर में मिलते तो, सारा शहर अपना सा लगने लगता।
यही वो शख़्स है, जो दिल की हर आवाज़ को सुनता।
यही वो शख़्स है, हर मुसीबत में सामने मुकम्मल हो जाता।।

वक़्त के साथ ये लगने लगते हैं, खून के रिश्तों से भी ऊँचे।
ये हैं कुछ ख़ास, यूँ ही नहीं मिल जाते हर गली-कूँचे।
सोचा है, कभी वक़्त मिले तो ख़ुदा से ज़रूर पूछें।
क्या नेक करम किए हैं मैंने, जो नवाज़े हैं ये बेनाम रिश्तों के गुच्छे।।

बेनाम रिश्ते सिर्फ़ मोहब्बत के हों, ये ज़रूरी तो नहीं।
हर रिश्तों को एक नाम दिया ही जाए, ये ज़रूरी तो नहीं।।

16. दम तोड़ती गाँव की मासूमियत

परिवर्तन प्रकृति का नियम है, आज यह क़रीब से देखा।
घर की छत से मैंने आज के आईने में, अतीत को गहराई से झाँका।।

गाँव की उन गलियों में खेलते बच्चों की टोली, कहीं ग़ायब है।
हर त्योहारों में शोरगुल नहीं, छाई चुप्पी का सैलाब है।
कुछ घर पड़े हैं वीरान, जैसे चुकाते क़ीमत शहर जाने का ख़्वाब है।
इंसान को इंसानों से दूर करने में, हुई यह आधुनिकता क़ामयाब है॥

नदी के किनारे पीपल के पेड़ के नीचे, अब कोई चौपाल नहीं है।
नाव नहीं नज़र आती, पुल ने जोड़ दिए किनारों को, पर घाट वहीं है।
कुएँ सूख गए हैं, पर उन क़िस्सों की गूँज अभी भी यहीं हैं।
बदल गया बहुत कुछ, पर राई के खेतों की सुंदरता और रंगत वही है॥

अब गाँव की सुबह में, मुर्गे की बाँग सुनाई नहीं देती।
सब जल्दी में हैं, ज़िंदगी में ठहराव दिखाई नहीं देती।
आकाश भी हो गए थोड़े धुँधले, रात को जुगनू की रोशनी दिखाई नहीं देती।
सभी व्यस्त हैं अपने में, मेल-मिलाप में गर्मजोशी दिखाई नहीं देती॥

चौखट से चारपाई ग़ायब है, सब मोबाइल की दुनिया में व्यस्त हैं।
ख़ुद से दूर होते जा रहे, कहीं दूर अनजान से सब साझा करने में मस्त हैं।
अब कोई किसी के संदेश का इंतज़ार नहीं करता, चिट्ठियों का ज़माना हो गया जैसे अस्त है।
बस यूँ ही गाँव की मासूमियत दम तोड़ रही धीरे-धीरे, यह परिवर्तन भी क्या ज़बरदस्त है !!

परिवर्तन प्रकृति का नियम है, आज यह क़रीब से देखा।
घर की छत से मैंने आज के आईने में, अतीत को गहराई से झाँका।।

17. बनारस : दिखाता ज़िंदगी का आयाम

एक शहर जिसकी हवा में. हमेशा कपूर की सुगंध है।
एक शहर जिसके आँचल में, बहती गंगा निर्बंध है।

एक तरफ सजी हैं दुकानें, भिन्न-भिन्न रंगों से।
दूसरी तरफ संगीत बज रहा, घंटियों की गूंजों से।
एक तरफ प्रार्थनाएँ की जा रहीं, बंद हाथों से।
दूसरी तरफ चीखें सुनाई दे रही दूर तक, इन घाटों से।

हर तंग गलियों में कहानियाँ छुपी हैं।
कहानियाँ जो इंसानियत को, आईना दिखाती हैं।
कहानियाँ जो बदलते शहर की, दास्तान बयान करती हैं।
कहानियाँ जो आखिर में इन घाटों में, विलीन हो जाती हैं।

जब सताए अकेलापन तो घाट के किनारे आकर बैठना,
भीड़ में भी महसूस होगा, आध्यात्मिक शक्ति का संग।
जब खुद पर गुरूर आ जाए तो, घाट के किनारे आकर बैठना,
चिताओं से उठता धुआँ, कर देगा गुरूर को एक पल में ही भंग।

कई सदियाँ देखे हैं इस शहर ने।
इसे भी झकझोरा है कई बार, वक्त के कहर ने।
फिर भी अडिग रहा, तोड़ न पाई किसी लहर ने।
सब समेट और सब कुछ छोड़ चलते रहना, सिखाया है इस शहर ने।

एक शहर जिसकी हवा में, हमेशा कपूर की सुगंध है।
एक शहर जिसके आँचल में, बहती गंगा निर्बंध है।

18. शहर के बीच का सन्नाटा

हमेशा सुना है, शहर में शोर और चकाचौंध बहुत है।
ज़रा ध्यान से देखो जनाब, शहर के बीचोंबीच सन्नाटा बहुत है!

अस्पताल के प्रतीक्षालय में, एक बार जाकर देखो।
इंसानों के चेहरों को क़रीब से, निहार कर देखो।
दुख-दर्द और शोर के बीच, घोर सन्नाटा दिखता है।
मंदिर, मस्जिद, गुरुद्वारे से भी ज़्यादा, ऊपरवाले का सजदा दिखता है।

कभी बस के इंतज़ार में लगी कतार का, मुआयना करना।
हैं चुपचाप खड़े सब कतार में, सीखा है पाठ, कैसे सब्र करना।
आते-जाते वाहन हैं अनेक पर, सभी की आँखें ढूँढती हैं लाल बस को।
भीड़ के साथ उम्मीद की सीमा भी बढ़ती जाती, मात दे रही हो जैसे ज़िंदगी के कश्मकश को।

जब शहर के शोर से मन भर जाए तो, श्मशान का चक्कर लगा लेना।
सन्नाटा कैसे महसूस होता है, थोड़ा और नज़दीक से देख लेना।
ये जगह दिखा देगी एक आईना, अंज़ाम-ए-ज़िंदगी का पाठ पढ़ लेना।
अब हर पल को जी भर के जीना है, ये हुनर भी सीख लेना।

हमेशा सुना है, शहर में शोर और चकाचौंध बहुत है।
ज़रा ध्यान से देखो जनाब, शहर के बीचोंबीच सन्नाटा बहुत है!

19. दराज़ में पड़ी चिट्ठी

लिखा है एक ख़त, भगवान जैसे इंसान के नाम।
पते का पता है, फिर भी रखी है दराज़ के भीतर बेनाम।।

जब बाढ़ के बाद नदी के किनारे फिसलन बढ़ जाती।
कंधे पर बिठा, नाव पर बिठाया है मुझे।
कक्षा में प्रथम आने पर, उनकी छाती गर्व से चौड़ी हो जाती।
ख़ुद को पीछे रख, हमेशा आगे बढ़ाया है मुझे।।

जब मिला था दाख़िला, चिकित्सा की पढ़ाई में।
मानो मेरे नहीं, उनके सपनों को पंख लग गए।
चल पड़ा लिए आशीर्वाद, जीवन की लड़ाई में।
कभी ऊँची उड़ान भरी, तो कभी चकनाचूर हो गए।।

कई बार मन किया कि पूछूँ, क्या कर पाया उनके सपने पूरे?
क्या हो गए हर ख़्वाब पूरे, जो रह गए थे अधूरे?
अब मेरे लिए जीना बंद कर, कर लो अपनी भी ख़्वाहिशें पूरे।
वरना ख़ुदा भी पूछेगा मुझे, एक ख़्वाब के पीछे दो ज़िंदगियाँ क्यों
क़ुरबान करवा दी ज़मूरे?

लिखा है एक ख़त, पिताजी के नाम।
पते का पता है, फिर भी रखी है दराज़ में बेनाम।।

20. बचपन और वक़्त का समझौता

ये कहना कि क्यों बड़े हो गए हम, ये बेमानी है।
पर बचपन को याद कर थोड़ा मुस्कुराना, यही तो समय की रवानी है।

मोहल्ले का रास्ता ही जैसे, खेल का मैदान सा लगता था।
एक आवाज़ देते ही, टोलियों का मेला सा लग जाता था।
कंचे का खेल हो या सितौलिया, जीवन जीने की सीख दे जाता था।
लुका-छिपी का खेल, जीवन में चौकन्ने रहने की ज़रूरत बता जाता था।

उतनी छुट्टियाँ तो अब ना हों शायद, इस जनम में नसीब।
गर्मियों में नानी के घर बेफ़िक्र बादशाह से रहना, थे कितने ख़ुशनसीब।
इतना बेशुमार प्यार और दुलार पाकर तो, फ़रिश्ते भी हो जाएँ बेतरतीब।
बड़े होकर सपनों के पीछे भागना, ये ज़िंदगी हो गई है कितनी अज़ीब।

बारिश में भीगकर जैसे, रूह भी आनंदित हो उठती थी।
गली के बहते पानी की धार में, काग़ज़ की कश्तियों में होड़ मच जाती थी।
बिजली की चमक और बादल के गर्जन से, छोटी बहन माँ से लिपट जाती थी।
बारिश में माँ के हाथ के बने पकवानों से, रसोई महक उठती थी।

ख़्वाहिशों के बोझ तले, बचपन की यादें दफ़न हो गईं।
समझदारी की ज़ालिम दुनिया में, मासूमियत दहन हो गई।
"समाज क्या कहेगा" इस बात पर, बहुतों की आज़ादी कफ़न हो गई।
तब तो बचपन नायाब था, अब तो इसकी ख़ूबसूरती ख़त्म हो गई।

ये कहना कि क्यों बड़े हो गए हम, ये बेमानी है।
पर बचपन को याद कर थोड़ा मुस्कुराना, यही तो समय की रवानी है।

21. एक ही मंज़र, दो कहानियाँ

हर सिक्के के दो पहलू हैं, इसे थोड़ा गहराई से सोचना ज़रा।
हर पहलू को, दूसरे नज़रिए से देखने की कोशिश करना ज़रा।।

पहली बारिश से पत्तों में जमी धूल के साथ, मन भी धुला-सा लगता है।
मिट्टी की भीनी-भीनी ख़ुशबू से, अंतरमन भी महक-सा उठता है।
पर झाँककर देख उसके मन के अंदर, जिसके कच्चे मकान की छत से पानी टपकता है।
पूँछकर देख उसकी मजबूरी,जिसके काम पर न जा पाने से रात की रोटी मिलना नामुमकिन-सा दिखता है।।

नदी के तट पर बैठ, ठंडी हवा से तेरा रोम-रोम प्रफुल्लित हो उठता।
इसके अनवरत बहाव में जैसे, तेरा दुख-दर्द भी फ़ारिग हो जाता।
गौर कर थोड़ा, इसके उद्गम स्थल के पास पहाड़ी जीवन पर,बारिश में क्या कहर बरसता।
इसके रौद्र रूप की बाढ़ से, न जाने कितने मासूमों की जान भी हर लेता।।

रेगिस्तान के रेतीले रास्ते में भटके पथिक से पूछना, धूप ने कितना सताया है।
हर चार कदम में दिखता पानी, पर इस मृगतृष्णा से कोई प्यास न बुझा पाया है।
उस सुदूर देश के लोगों से पूछना, जो छह मास से सूर्य का दर्शन न कर पाया है।
धूप की एक झलक को भी जिसने, बड़े उत्सव के रूप में मनाया है।।

हर सिक्के के दो पहलू हैं, इसे थोड़ा गहराई से सोचना ज़रा।
हर पहलू को, दूसरे नज़रिए से देखने की कोशिश करना ज़रा।।

www.ingramcontent.com/pod-product-compliance
Lightning Source LLC
La Vergne TN
LVHW050825051026
849532LV00008B/3126